LE SÉRAPHIN
DE L'ENFANCE.

Recueil de Pièces
D'OMBRES CHINOISES.

LE SÉRAPHIN

DE L'ENFANCE.

RECUEIL DE PIÈCES

D'OMBRES CHINOISES,

DÉDIÉES A LA JEUNESSE,

PUBLIÉES PAR

DEMBOUR ET GANGEL,

ÉDITEURS A METZ.

8 DÉCORS ET 10 FEUILLES DE FIGURES.

METZ,

IMPRIMERIE ET LITHOGRAPHIE DE DEMBOUR ET GANGEL.

—

1843.

Yth

LE SÉRAPHIN DE L'ENFANCE.

OMBRES CHINOISES.

Travail et plaisir.

Nous avons pris ce titre pour perpétuer dans la mémoire des enfants le nom de celui qui, le premier, importa d'Allemagne en France cet amusement. Séraphin, en 1780, vint établir à Versailles ce spectacle grotesque qui fût de suite populaire. Il eut, depuis cette époque, une vogue qui ne se ralentit pas, par les générations d'enfants qui se succédèrent. Nous avons pensé causer un grand bonheur à la jeunesse en établissant cet amusement aussi complet que possible, et un grand plaisir aux parents, lesquels doivent désirer conserver leurs enfants sous leurs yeux. Dans ces longues soirées d'hiver, dans ces longs jeudis, après les devoirs terminés et remplis, l'enfant qui s'amusera à découper, à mécaniser ces petites figures, à les arranger, passera son temps sans ennui. Ce travail deviendra un plaisir et il s'en promettra bien plus pour le dimanche, jour de la représentation. C'est donc dans le but de retenir les enfants à la maison, afin que les parents soient témoins de leur joie et do leur plaisir, que nous avons offert ce délassement à la jeunesse.

MANIÈRE DE MONTER LE THÉATRE.

Il faut avoir des châssis en bois de l'épaisseur d'un centimètre sur quatre de largeur; quant à la grandeur, il faut qu'ils soient faits de manière à ce que l'intérieur soit juste de la largeur et hauteur des décors. On colle les décors sur les châssis, en ayant soin que le devant soit posé de manière à ce que l'épaisseur du châssis soit en vue du spectateur, et qu'il soit bien tendu et sans plis. Lorsque les décors sont collés, on noircit le tour du châssis ou on y colle du papier noir, de manière à ne pas laisser voir le bois. On procède à rendre le décor bien transparent: on prendra un peu de linge et on huilera par derrière tous les décors avec de l'huile d'olive, comme étant celle qui jaunit le moins; ou pour mieux faire, on prendra du vernis à tableau que l'on posera avec un blaireau ou pinceau tendre; par ce moyen le papier sera rendu très-transparent. Ces châssis ainsi collés, huilés ou vernis, se placent dans une ouverture un peu plus petite (d'un centimètre) que le châssis, pratiquée dans un panneau de bois plus grand, lequel doit avoir deux côtés. On place alors ce théâtre sur une table dans l'embrasure d'une porte, de manière à intercepter la lumière qui doit frapper en entier sur le décor. Après la base du châssis par derrière, se fixe une petite bandelette de bois de l'épaisseur d'un demi-centimètre, sur laquelle on fait rouler les voitures ou brouettes. Cette bandelette doit s'enlever à volonté: elle ne s'emploie que pour cet usage. On doit observer que la salle dans laquelle se montrent les ombres chinoises doit être dans l'obscurité.

DES FIGURES.

On colle les feuilles de personnages, d'animaux ou d'autres sujets sur une feuille de carton mince; on laisse sécher, puis on procède à la déchiqueture de chaque pièce. Pour cela faire, on emploie les ciseaux et le canif; il faut avoir soin de ne découper que les blancs du tour et des intérieurs des bras et des jambes. Cette opération terminée, à l'aide d'aiguilles plus ou moins grosses, on pique des trous pour les yeux ainsi que pour les principaux traits laissés en blanc, qui dessinent ou les plis ou les chapeaux ou les cheveux ou les différents plis de vêtements des personnages.

MÉCANISME DES FIGURES.

Pour mécaniser les figures, on coupe et l'on perce d'un trou d'aiguille les deux parties, puis on passe un fil que l'on arrête de chaque côté de la figure par un nœud, de manière à ce que le bras soit attaché au corps et qu'il puisse se mouvoir; il en est de même pour toutes les parties du corps que l'on veut mécaniser; mais comme il n'y a que les principaux personnages qui le sont ici, l'enfant pourra, avec de l'intelligence, mécaniser d'autres figures qui ne sont point indiquées; mais pour cela, il faut couper les membres que l'on désire voir remuer et coller derrière des petites languettes de carton qui en augmentent la longueur, puis on les rapporte avec des attaches en fil au corps des personnages.

Pour faire agir les acteurs et les mettre en scène, après les avoir découpés et mécanisés, on placera, soit à une jambe ou au corps, en les perçant de trois trous d'aiguille, un petit morceau de laiton assez fort pour tenir la figure droite, ayant soin de lui faire faire le crochet à l'extrémité pour que ledit laiton ne se détache pas. Pour les figures mécanisées, il faut autant de fils attachés qu'il y a de membres mouvants.

Pour les substitutions et métamorphoses, on verra des points blancs qui indiquent qu'il faut que les sujets qui se changent soient tenus ensemble par le moyen de fils à nœuds; alors voulant opérer le changement à vue, on remet avec promptitude le changement qui pend au bas, ou on laisse tomber par derrière celui qui se voyait précédemment. D'ailleurs nous indiquerons à chaque pièce la manière d'opérer les changements à vues ou métamorphoses.

SCÈNES D'OMBRES CHINOISES.

1re Partie.

MARINE. Cette scène doit se passer en pleine mer. On fait paraître successivement les vaisseaux, les bateaux et gondoles, le bateau à vapeur; on pourra mécaniser plusieurs bateliers; on se servira également du bateau qui se trouve dans le *Pont-Cassé*. On peut faire suivre quelques navires par des poissons: la baleine peut se mécaniser. On découpe la mâchoire inférieure et on la fixe près de l'oreille par un tenon, de manière à lui faire ouvrir et fermer la bouche; alors on lui fait avaler les petits poissons. Pour amuser les spectateurs, on peut faire chanter à quelques bateliers différents petits couplets.

2e Partie.

SCÈNES DE FORÊTS.

Les animaux passent et repassent; on peut les mécaniser en faisant remuer les jambes.

SCÈNES DE PLACE PUBLIQUE.

LES CRIEURS DE PARIS.

LE MARCHAND DE FIGURES.

Marchand de figoures, nous vendons l'Apollon de Bel-
vedère, les lapins pour les petits enfants et le grand
Napoléon, l'Hercoule-Farnèse et des fruits en panier;
achetez pour les petits enfants des perroquets tout verts
qui chantent comme des rossignols.

LE MARCHAND D'ALLUMETTES CHIMIQUES.

Allumettes chimiques s'allumant, s'enflammant au simple frottement; allumettes sans explosion, à la fleur
d'orange; allumettes chimiques, cinq centimes la boîte,
deux centimes le paquet.

LE MARCHAND DE PIPES.

V'là l'Marchand de bibes, de briquets phosphoriques;
bibes de toutes espèces, bibes longues et courtes;
almanachs nouveaux.

LE MARCHAND D'EAU.

A l'eau, à l'eau, v'là le marchand d'eau; à la fraîche,
à un sou le seau, v'là le porteur d'eau.

LE MARCHAND DE PEAUX DE LAPIN ET SON CHIEN.

Qui veut vendre sa peau? J'achète tout, peau de
lapin, peau d'agneau, peau de chat; j'achète les vieux
souliers.

LE MARCHAND DE PARAPLUIES.

Parapluies à vendre, ombrelles à changer.

Le parapluie est un grand chapeau
D'invention fort commune ;
Ne peut abriter que l'eau
Et cela mène à la fortune.
Si les miens étaient faits de façon
A mettre tout le temps de sa vie
Le brave homme à l'abri du fripon,
Le fripon à l'abri de la prison,
Combien je vendrais de parapluies.

Achetez des parapluies.

LA MARCHANDE DE GAUFFRES.

Allons, petits enfants, venez à la marchande ; elles sont toutes chaudes et toutes bouillantes ; achetez des gauffres à ces bons petits enfants.

LE MARCHAND DE COCO.

Hohé ! v'là le coco à la glace, qui veut boire, à la fleur d'orange.

LE GAGNE PETIT.

A repasser les rasoirs et ciseaux ; aux ciseaux à repasser.

LA MARCHANDE DE LÉGUMES.

Melons de Normandie, artichauts, carottes, oignons ; qui veut acheter, v'là la marchande.

LE FACTEUR ARRIVANT A LA PORTE ET CRIANT:

Mlle Hortense, Mlle Hortense, voilà une lettre de 2',50.
Une voix dans la coulisse.

C'est bien trop cher, en voulez-vous la moitié ?

Le facteur.

Mais vous savez bien que les lettres ne se marchandent pas, Mlle Hortense; elles sont taxées par le gouvernement.

La voix de la coulisse.

Je ne sais pas ce que c'est que votre gouvernement; en voulez-vous les trois quarts?

Le facteur sort.

LE MARCHAND DE BROSSES.

V'là le marchand d'brosses, aux brosses; achetez des brosses.

LA BOUTIQUE A 4 SOUS.

Voyez la boutique à quatre sous; voyez, fouillez là-dedans, il y a d'la bijouterie, d'la quincaillerie, d'la mercerie, d'lorfévrerie, d'la coutellerie, d'là miroiterie; voyez, prrrrrofitez du bon marché, c'est d'une banqueroute; c'est d'une déroute, tout est prrrrrien. Voyez, tout est beau, tout est bon; couteaux, ciseaux, plateaux et flambeaux, jeux de dominos, poupées pour les petites filles. Voyez, voyez, tout est prrrrrour rien.

L'ÉTAMEUR DE CHAUDRONS.

A raccommoder saudrons, pots de fer; à raccommoder tourtières, cazeroles; à retamer les cuillères, les fourchettes.

LE MARCHAND D'OIES ET L'ÉCOLIER.

Le marchand d'oies.

Achetez mes oies, achetez.

L'écolier.

O hé! l'homme.

Le marchand se retourne.

Qu'est-ce qui ni a, mon enfant?

L'écolier.

Où allez-vous comme ça? l'un portant les autres.

Le marchand.

J'va cheu votre maître conduire des écoliers.

LE MARCHAND D'OUBLIES.

Voilà l'plaisir, Mesdames, voilà le plaisir; régalez donc ces dames, avec plaisir.

LA LAITIÈRE.

Qui veut du lait, qui veut du lait sans eau et sans blanc de Meudon.

UN AVEUGLE.

Ayez pitié d'un pauvre aveugle qui ne voit plus clair et qui est privé de la lumière du jour.

LE PONT CASSÉ.

Le théâtre représente la campagne; au premier plan est un pont rompu; à droite du spectateur, une auberge à l'enseigne du Croissant-d'Or.

OBSERVATION.

Le pont cassé qui est sur la feuille des personnages s'applique après le décor de la pièce. Il faut avoir soin de préparer des petits morceaux de carton de plusieurs formes mobiles, qui s'appliquent après le côté où est Pierre, pour qu'en donnant les coups de pioche on les voye tomber.

Personnages. .

- PIERRE, le piocheur.
- LE GASCON.
- NICOLLE, le batelier.
- Groupe de canards.

Au lever du rideau, une troupe de canards sort de l'auberge, ils se promènent quelques moments à gauche et à droite du spectacle, passant et repassant l'eau, puis ils disparaissent sur la partie gauche du pont. On voit paraître Pierre, le piocheur, il tient sa pioche sur son dos.

SCÈNE PREMIÈRE.

PIERRE.

Il paraît que Nicolle vient tous les jours plus sourd, car voilà une heure que j'appelle et il ne me répond pas. Appelant fort, ho! hé! Nicolle, viendras-tu bientôt (voyant qu'il ne vient pas il crie encore plus fort), dis donc, Nicolle, viendras-tu bientôt?

NICOLLE paraissant à droite.

Ah! c'est vous père Pierre, on y va, on y va de suite.

Passant de la droite à la gauche, il prend Pierre et le ramène à droite.

PIERRE.

Tu devrais bien faire changer tes oreilles, batelier du diable, et les faire remplacer par des meilleures, car il faut crier à se rompre la gorge et perdre son temps à attendre.

NICOLLE.

C'est ce que j'allons nous fare faire, M. Pierre; j'ai rencontré un mousier qui m'en mettra d'aussi grandes que les vôtres (car elles ressemblent à celles de Mimi d'au meunier pour la taille.)

PIERRE.

C'est un peu insolent, ce que tu me dis là, mon ami, et je t'engage un autre jour de l'être moins, car je te casserai ma pioche sur le dos.

NICOLLE.

C'est ce que je ferons une autre fois, M. Pierre; ma pourquoi m'appelez-vous batelier du diable, j'savons ben que je vous passeu tos les jours vous et votre famille; ma aurez-vous bientôt fini votre ouvrage?

PIERRE.

Ho! encore queuq'jours et puis j'aurai terminé s'diable d'ovrage, c'est dur comme les murs de l'Algère qu'a abattu les Français.

Ils disparaissent.

Pierre reparaît sur le pont (il faut prendre pour cette scène la pièce mécanisée); Pierre travaille, il fait tomber à l'eau les morceaux de carton que l'on a fait tenir après le pont, ce qui simule les pierres qui se détachent par la pioche.

PIERRE, se reposant.

C'est tout d'même ben échinant que d'travailler à l'ardeur du soleil. Pourquoi qu'l'bon Dieu n'm'a pas fait général on ben marquis; c'est c'que j'disais à M l'Curé l'autre jour et il répondait : Pierre, ce que le bon Dieu a fait est bien fait, il ne faut pas aller contre sa volonté ; s'il vous avait fait général, vous seriez peut-être tué en ce moment, au lieu que vous avez un bon état que celui de maçon. Vous gagnez votre pain tous les jours et celui de votre famille, et quand vous avez rempli votre journée vous êtes content et dormez bien. Il a raison Mesieu le Curé, travaillons ferme, travaillons (il abat quelques morceaux), s'pendant s'est ben tout d'même échinant ; il se relève.

SCÈNE II.

PIERRE, LE GASCON.

LE GASCON.

Sandis, cadédis, zé croyais continuer mon semin et zé rencontre un ovstacle insourmontable. Cadédis, dis-donc, l'ami, de l'auchtre coustia de la rivière, dis-moi donc où est le pont ?

PIERRE, travaillant et chantant.

Il est chu dans la rivière,
Tire lirre, lirre, lirre, lirre, lirre ;
Il est chu dans la rivière,
Fa, fa, liron fa.

LE GASCON.

Il est chu dans la rivière, zé une réponse qui ne signifiat pas grande sose. Zé voudrais savoir si l'on peut passer l'eau ?

PIERRE, chantant.

Les canards l'ont bien passée,
Tire, lirre, lirre, lirre, lirre, lirre ;
Les canards l'ont bien passée,
Fa, fa, liron fa.

Cadédis, les canards la passent à la nage, tu né m'apprends rien de nouveau ; est-ce que tu m'és compare à un zaquatique ; zé té demande si la rivière est bien profonde ?

Les cailloux touchent la terre,
Tire lirre, lirre, lirre, lirre, lirre ;
Les cailloux touchent la terre,
Fa, fa, liron fa.

LE GASCON.

Ce maudit maraud est la stoupidité même, on né peut rien tirer de louis : Dis moi donc, l'ami, zé voudrais bien savoir ce que c'est que l'enseigne de cette auberge ?

PIERRE.

C'est le portrait de la lune,
Tire lirre, lirre, lirre, lirre, lirre ;
C'est le portrait de la lune,
Fa, fa, liron fa.

LE GASCON.

Impudent que tu es dé mé répondre ainsi, je vois bien que z'est la loune ; apprends que jé souis d'une des bonnes familles de la Gascogne, car du castel dé mon père l'on puise dans la Garonne du vin aussi doux que du miel, et si z'étais de l'austhe coustia de la rivière, zé te donnerais cent coups d'estrivières.

PIERRE.

J'en rends grâce à la rivière,
Tire lirre, lirre, lirre, lirre, lirre ;
J'en rends grâce à la rivière,
Fa, fa, liron fa.

LE GASCON.

Cependant zé vois que tu as un esprit assez plaisant, et qué se fâcher avec toi serait peine perdoue. Dis-moi : vend-on beaucoup de bon vin dans cette auberge ?

PIERRE.

On en vend plus qu'on en donne,
Tire lirre, lirre, lirre, lirre, lirre ;
On en vend plus qu'on en donne,
Fa, fa, liron fa.

LE GASCON.

Allons, je vois bien qu'il est touzours plous spirituel dans ses réponses : ma l'ami, vous devez avoir uné femme ? avec qui vous êtes-vous marié ?

PIERRE, chantant.

Avec Margot la grenouillère,
Tire lirre, lirre, lirre, lirre, lirre;
Avec Margot la grenouillère,
Fa, fa, liron fa.

LE GASCON.

Ça doit être un couple bien intéressant, ma il doit
se faire tard; pourrait-on me dire quelle heure il est
maintenant?

PIERRE, se retournant et lui montrant son derrière.

Voilà le cadran solaire,
Tire lirre, lirre, lirre, lirre, lirre;
Voilà le cadran solaire,
Fa, fa, liron fa.

LE GASCON, furieux.

Oh! c'est mettre le comble à l'insolence, jé croyais
qu'à la fin le drôle se tairait, il n'en est rien. Jé souis
boursouflé dé colère et il faut qué jé sois vengé. (Appelant):
O! hé! bateau, bateau, diable de batelier, venez donc;
coûte qui coûte, il faut qué jé passe l'eau pour aller
corriger cé malappris.

PIERRE, à lui-même.

Le gascon z'est vesqué, il croit m'effrayer par ses
ménaces, mais j'somme bon pour lui répondre et j'vas
tâcher de détacher queuqu'bons moellons qui lui enfon-
ceront son bolivart (en même temps il essaie à détacher quelques morceaux.)

LE GASCON, criant.

Batelier, venez donc me passer ou jé mé plaindrai au
gouvernement qui fera justice dé vous.

NICOLLE.

J'suis-t-à vous, mon bon Meussieu; ma pour vous
passer, c'est cinq livres.

LE GASCON.

Jé t'en donnerai cent (à part), et pas in franc dans
ma poche.

NICOLLE.

Répondez donc? criez un peu fort, j'suis-t-un peu
sourd et çà fait que j'entends dur.

LE GASCON, criant plu fort.

Batelier du diable, viendras-tu me passer, zé té donne-rai 5 fr.

NICOLLE, à part.

Décidément il faut que cela soit vrai (criant), on y va, notre maître, on y va.

Le batelier arrive par la droite.

PIERRE.

J'vas te faire voir queuchose qui s'ra un peu dur aussi.

Le batelier ramenant le Gascon, s'arrête au milieu du pont et Pierre fait tomber une grêle de pierres.

LE GASCON.

Cadédis, jé souis furieux, mon chapeau est à moitié zenfoncé, çà ne fait que redoubler ma colère; dépêchons, batelier, qué j'aille immoler ce maraud à mé vengeance.

PIERRE, riant.

Hi! hi! hi! que l'on dise que je ne suis pas un bon chapelier et que je ne sais pas retapper les chapeaux (il continue à travailler, les pierres tombent encore).

LE GASCON.

Le Gascon arrive tout doucement derrière lui et le pousse rudement dans la rivière.

Tiens, roustre, va boire z'in coup à mé santé, voilà pour la pounition.

PIERRE, se débattant et criant :

Au secours! à l'assassin! à la garde!

NICOLLE, accourant à force dé ramer.

Ho! hé! Pierre, Pierre, où allez-vous donc? Par ici! de ce côté; arrivez donc, Pierre. Pierre se cramponne à la nacelle et entre dedans.

Le rideau tombe.

LA MALADE IMAGINAIRE.

Représentée pour la 1re fois à Versailles, le 25 Mai 1783.

Le théâtre représente une chambre rustique ; à gauche, un lit.

PERSONNAGES...
{
Mr PIERROT.
Mme PIERROT.
CRISTOREL, médecin.
DIAFOIRUS, apothicaire.
}

SCÈNE PREMIÈRE.

MADAME PIERROT, seule dans son lit.

Ah! que je suis malade!.... et Pierrot, mon mari, qui depuis une heure est parti, me laissant seule, privée de tous soulagements.

On entend chanter au dehors.

Pierrot revenant du moulin, *bis.*

SCÈNE II.

PIERROT, entrant.

Il se met à chanter et à danser.

Pierrot revenant du moulin, *(bis.)*
Rencontre trois filles sur son chemin;
Il prend la première par la main,
Vous m'entendez bien, vous m'comprenez bien.

MADAME PIERROT.

M. Pierrot, soyez un peu moins fou, pensez-donc à votre épouse.

PIERROT, chantant toujours et plus fort.

Pierrot revenant du moulin, *bis.*
Rencontre trois filles sur son chemin;
Il prend la première par la main,
Vous m'entendez bien, vous m'comprenez bien.

MADAME PIERROT, criant et pleurant.

Pierrot, ne soyez donc pas si gai et si bruyant; vous êtes insensé d'être ainsi, tandis que votre femme est accablée par la souffrance.

PIERROT.

Au contraire, ma petite, c'est pour m'étourdir; j'ai trop de chagrin dans le cœur, et, pour le chasser, je viens de boire chez l'épicier du coin un litre à ta santé; de là je suis allé chez M. le Médechien.

MADAME PIERROT.

Dis donc le médecin.

PIERROT.

Je lui ai dit: M. le médecin, ma pauvre femme est malade, bien malade, très-malade (pleurant), elle va mourir, ma pauvre femme; arrivez donc, car elle a déjà les fripons de la mort dans le dos, des voleurs dans l'estomac.

MADAME PIERROT.

Dis donc des frissons dans le dos, des vapeurs dans l'estomac.

PIERROT.

Des catholiques dans le ventre et une cathédrale sur un œil.

MADAME PIERROT.

On voit bien, Pierrot, que tu as bu outre mesure, car tu aurais dit des coliques et une cataracte sur les yeux.

PIERROT.

Que veux-tu, ma petite, je n'ai jamais été dans la colle et cependant je lui ai dit tout cela, et le médecin va venir te faire une petite visite pour trois francs ; prends patience. Je ne m'alarme pas sur ton sort, d'ailleurs tu vas mieux et je sais bien que tu m'aimes trop pour jamais faire la sottise de mourir devant moi.

MADAME PIERROT.

Eh pourquoi donc, malheureux ?

PIERROT.

C'est pour ne pas voir la vilaine grimace, ma bobonne.

Il sort en chantant.

SCÈNE III.

MADAME PIERROT.

Ah! que je suis malheureuse d'avoir pour époux un homme aussi dur que celui-là (on entend frapper à la porte.)

MADAME PIERROT.

Entrez.

On frappe une seconde fois.

MADAME PIERROT, haussant la vois.

Entrez.

SCÈNE IV.

M. CRISTOREL, passant sa tête par la porte.

Suize bien ici chez Mme Pierrot ?

MADAME PIERROT.

Oui, Monsieur, donnez-vous la peine d'entrer.

M. CRISTOREL, toujours passant sa tête à la porte.

La malade n'a-t-elle pas la fièvre ?

MADAME PIERROT.

Non, Monsieur, et pourquoi?

M. CRISTOREL.

C'est que cela est contagieux et zé ne veux pas l'attraper. (Entrant): Zé viens d'avoir la visite dé M. votre mari qui m'a dit qué vi étiez bien malade, dé souite zé me souis transporté sur les lieux pour consulter votre langue et votre poultz, afin dé savoir à quoi m'en tenir au sujet de votre maladie; permettez-moi d'abord, Madame, dé vous faire une petite question: Avez-vous beaucoup d'argent?

MADAME PIERROT.

Monsieur, la question est singulière, je pense en avoir assez pour vous payer de vos visites.

M. CRISTOREL.

Ma combien avez-vous à peu près?

MADAME PIERROT.

Enfin, Monsieur, nous pouvons bien avoir dans le fond de l'armoire, ne devant rien à personne, sept à huit cents francs.

M. CRISTOREL, à part.

Cadédis, sept à huit cents francs; faisons marcher la médecine, il y a gras. (Haut), Mme Pierrot, zé vous préviens qué la maladie sera longue, ma il né faut pas vous alarmer; maintenant consultons votre poultz (il s'avance près de la malade). Votre poultz est violemment azité, ce qui prouve qué vous zetes dans une azitation très-violente; maintenant voyons votre langue. Dié de Dié, comme elle est chargée! cela signifie qu'il faut qué zé vous administre une petite médecine, puis une petite saignée, puis cela pourra très-bien faire qué vous aurez une très-bonne santé (à part et purgarée et saignarée et bien sûr crévarée); Madame Pierrot, dites-moi, où avez-vous mal?

MADAME PIERROT.

J'ai mal à la tête.

M. CRISTOREL.

Céla prouve d'abord qué vous avez une tête. Avez-vous encore d'autres souffrances?

MADAME PIERROT.

J'ai mal au ventre, il est très-dur; on dirait qu'il y a des crapauds, des grenouilles (très-vite), des lézards, des serpents, des crocodilles et des bêtes de votre espèce qui s'y battent sans cesse.

M. CRISTOREL.

Mal à la tête, mal au ventre, céla souffit; zé vais vous envoyer un petit médicament préliminaire qui vous fera un grand bien. Zé vais vous envoyer mon petit garçon apothicaire avec son petit instroument, et il vous l'administrera soigneusement.

MADAME PIERROT.

Qu'entendez-vous par ce petit médicament préliminaire?

M. CRISTOREL.

J'entends, Madame, une petite bouillon pointu.

MADAME PIERROT.

Qu'est-ce que c'est que çà, Monsieur, cela fait-il couler du sang?

M. CRISTOREL.

Une petite bouillon pointu, c'est une petite machine qui a la forme d'une clarinette; on en fait à présent qui ont la forme d'une pipe, ma moi j'aime mieux lé système ancien, céla est plus sourd. Céla fait éternuer, tousser, cracher, moucher, et mieux qué tout céla; enfin céla est d'une efficacité reconnue pour être très-efficace. Zé vous quitte donc, Madame Pierrot, jusqu'en attendant lé plaisir dé vous voir; M. Diafoirus sera ici dans quelquous minutes (il sort.)

SCÈNE V.

MADAME PIERROT, seule.

Ce brave médecin m'a rassurée, depuis sa visite je me trouve bien; il me semble que je respire mieux, que mon ventre est moins malade, qu'enfin le terme de la maladie approche.

On frappe à la porte.

MADAME PIERROT.

Entrez, s'il vous plaît, entrez donc.

SCÈNE VI.

DIAFOIRUS, entrant la seringue à la main.

Bon...bon...bon...jour, Ma...ma... madame, c'est... c'est moi qui...quiqui suis Diafoirus: je vous appo... oo..porte le pepetit médica...caca...ment.

MADAME PIERROT.

Je suis prête, que faut-il faire?

DIAFOIRUS.

Il faut vous...vous...vous lever.

On fait disparaître la tête qui est fixée après le lit et l'on substitue la première figure de Madame Pierrot non mécanisée; elle a l'air de se lever, elle approche du garçon qui est droit au milieu de la chambre.

DIAFOIRUS.

Dé...dé...pepepe chez-vous, Madame, par pa par ce que cela pou..ou..ou..rait ré..ré..froidir.

MADAME PIERROT.

Me voilà, Monsieur, que faut-il que je fasse?

DIAFOIRUS.

Y y y faut vous..ou..ous retour..our..ner, Ma.a.dame.

MADAME PIERROT, s'en allant derrière le lit.

On substitue la deuxième figure mécanisée.

DIAFOIRUS.

Y y y ne faut pas a...aller si loin, Ma...a...dame.

MADAME PIERROT.

Où voulez-vous donc que je me pose?

DIAFOIRUS.

Po..popo..sez vous devant moi.

MADAME PIERROT, se rapprochant de lui.

Dépêchez-vous donc, M. Diafoirus, car je suis si faible que je ne puis pas me tenir longtemps debout.

DIAFOIRUS.

Il faudrait tou...our...ner votre dos i...i...ci.

MADAME PIERROT, se retournant.

Me voilà.

DIAFOIRUS.

Ma...a...dame, bai..ai..aissez-vous vous un peu.

MADAME PIERROT, se baissant.

Diafoirus lui ajuste la seringue.

Madame Pierrot crie: c'est trop chaud, c'est trop chaud; ils parcourent la scène toujours dans la même position.

On baisse le rideau.

L'EMBARRAS DU MÉNAGE.

Représentée pour la 1re fois à Versailles, le 17 janvier 1790.

Le théâtre représente une chambre rustique ; à droite du spectateur, une cheminée de cuisine ; la marmite est devant le feu.

PERSONNAGES.. { LE PETIT FRANÇOIS.
MADAME FRANÇOIS.
LE CHAT.

SCÈNE PREMIÈRE.

LA MÈRE FRANÇOIS, seule.

François, François, où est-il donc ce petit mauvais
sujet, on n'peut l'avoir un quart d'heure à la maison,
toujours à courir, à sauter ; encore s'il aimait l'étude !!
Mais rien, il n'apprend pas seulement sa grand'mère ;
il sait, de plus, que j'ai besoin de lui, mais cela lui est
égal ; pourvu qu'il joue aux chiques, qu'il fasse des niches
aux voisins, il est heureux !! Je ne sais pas, mais je
me trompe bien s'il ne devient pas un jour un fort
mauvais sujet (elle appelle), François ! François !

SCÈNE II.

LA MÈRE FRANÇOIS, LE PETIT FRANÇOIS.

Me v'la, me v'la, ma petite maman, est-ce que tu
m'as appelé ?

LA MÈRE.

Sans doute, petit coureur, d'où venez-vous?

FRANÇOIS.

Je n'étais pas sorti, maman, j'étais seulement dehors.

LA MÈRE.

C'est ce qui est absolument la même chose, vous savez bien que lorsque je sors, j'aime de vous savoir à la maison pour la garder.

FRANÇOIS.

Je resterai toujours, lorsque vous me le direz, ma bonne maman, ne me grondez plus et vous verrez que je serai sage comme une image.

LA MÈRE.

A la bonne heure, maintenant tu vas tâcher d'être obéissant, tu me le promet; je suis obligée de m'absenter un instant pour aller au marché, et si je suis contente de toi, je te rapporterai quelque chose de beau.

FRANÇOIS.

Tu peux être sûr, ma bonne maman, que je serai bien gentil; achète-moi un beau petit sabre, un petit tambour, une petite giberne; j'ai vu le marchand passer tout à l'heure, il vendait ces jolies choses dans sa boutique de 20 centimes; achète-moi aussi une brouette, une zigne, une zougne et une grenouille qui saute; si cela ne te fatigue pas trop, apporte-moi tout, tout.

LA MAMAN.

C'est bon, c'est bon, croyez-vous que nous avons une poule qui nous donne de l'argent.

FRANÇOIS.

Je ne demande pas que cela, je voudrais quelque chose à manger: tiens, un Adel-Kader en sucre ou un Saint-Nicolas.

LA MAMAN.

C'est bon, tâchez seulement d'avoir soin de la maison

et surtout du dîner qui cuit devant le feu; nous devons avoir du monde à déjeuner demain, et j'ai mis un bon jambon dans le pot.

FRANÇOIS.

Oui, maman, mais je ne me souviens déjà plus de quel pot tu veux parler; est-ce du pot de confiture qui est au haut de l'armoire ou du pot qui est sous le lit?

LA MAMAN.

Non, petit malicieux, c'est de la marmite dont je veux te parler; tâche qu'elle cuise bien, entretient le feu dessous, et surtout ait bien soin que Minet ne vienne pas, car il est très-voleur.

FRANÇOIS.

Oui, oui, ma petite maman, sois tranquille; j'aurai soin de tout; je ferai du feu, je ferai bouillir Minet, et je chasserai la marmite.

LA MAMAN.

Etourdi, allons soyez sage et ne jouez pas avec le feu.

Elle sort.

SCÈNE III.

A revoir, maman; me voilà seul maintenant, que vais-je faire? une tartine de beurre.... Oh! non, je me suis laissé tomber l'autre jour en grimpant dans l'armoire et cela m'a fait bien mal. Je vais boire du lait.... oh! non, maman met quelque chose de bien amer dedans et cela m'a donné l'autre jour des coliques bien fortes. Je vais aller seulement un peu devant la porte et je remonterai de suite pour voir si le pot cuit bien (il va pour sortir, le chat entre en miaulant.) Ah! voilà Minet, je ne pensais pas à la recommandation que ma faite ma maman, mais je vais la lui faire et ce sera la même chose (il parle à Minet): M. Minet, vous êtes une bonne petite bête, vous ne serez plus voleur, je pense; je vais sortir, tu ne prendras pas ce qui est dans le pot.

Le chat miaulant.

FRANÇOIS.

Voyez-vous, il dit non (il lui passe la main sur le dos); oui, oui, tu es un bon petit chat et si les autres chats voulaient venir, tu les mettrais à la porte.

Le chat se frotte et s'en va.

SCÈNE IV.

FRANÇOIS, seul.

Maintenant, voyons si le pot cuit (il s'approche); oui, il cuit vigoureusement, le v'là qui fait glou, glou, glou; je n'ai plus rien à faire ici, le Minet est sorti, le feu brûle bien, allons nous amuser.

Il sort en sautant.

SCÈNE V.

LE CHAT, seul.

Pour cette scène, on prend le chat mécanisé et on a le soin de replier le jambon derrière le cou, de manière qu'il soit invisible. Le chat entre en miaulant et il va droit à la cheminée, il se dresse devant la marmite dont il fait sauter le couvercle, on lui applique la tête près de la marmite et l'on fait descendre le jambon qui, plié, doit lui pendre à la geule; il se retourne brusquement en soufflant et s'en va emportant sa proie.

SCÈNE VI.

MADAME FRANÇOIS, rentrant le panier au bras.

Ouf! je suis exténuée de fatigue, tout est d'un prix fou au marché; on dirait qu'il n'a poussé cette année que des carottes, tant le monde vous en tire pour gagner davantage. Je rapporte pourtant quelque chose pour ce pauvre petit François qui serait un bon enfant s'il n'était pas si coureur, mais il m'a promis d'être sage et de garder la maison, c'est pour cela que je lui rapporte un polichinel soigné; mais je ne le vois pas (elle appelle) François, François (elle va près de la porte), François,

François. Personne ne répond, l'oiseau est déniché; ah! le petit drôle, laisser la maison seule, je suis sûre que le pot n'a pas encore cuit (allant à la cheminée): ah! mon Dieu, plus d'jambon, et mon mari qui se réjouissait d'en manger: ah! je suis une femme perdue; qu'il revienne, le petit coquin, il est sûr d'être fouetté d'importance.

On entend chanter François en dehors de la porte.

Je m'suis bien amusé, tout d'même;
Je m'suis bien amusé.

LA MÈRE.

Je l'entends, cachons-nous et préparons-lui une bonne correction.

Elle sort par la gauche.

SCÈNE VII.

FRANÇOIS, entrant et chantant.

Je m'suis bien amusé, tout d'même;
Je m'suis bien amusé.

(Parlant.) Nom d'une pipe, je m'suis bien diverti, en ai-je gagné des chiques, j'en ai gagné douze et j'en ai perdu quinze, c'est égal je me suis amusé, tout d'même; maman n'en saura rien et elle m'aura rapporté toutes sortes de belles choses; mais elle est bien long-temps. Voyons, s'il y a quelque chose à croquer au buffet (il va du côté où s'est caché la mère.) La mère paraît: ah! te voilà, petit drôle, attend, je vais te corriger, elle l'entraîne derrière la coulisse.

Pour cette scène, on prend la mère qui tient le petit sous son bras; elle entre en scène en fouettant son fils qui crie: maman, je n'y ferai plus; oh! mon Dieu, que j'ai mal; maman, je n'y ferai plus. La toile tombe.

MADAME LA BARONNE.

Représentée pour la 1re fois à Versaille, le 27 janvier 1791.

Le théâtre représente une place publique; à gauche du spectateur, une maison.

PERSONNAGES... { LA BARONNE.
{ LE BARON.
{ Un jeune et un vieux ramoneur.

SCÈNE PREMIÈRE.

LA BARONNE, à son balcon.

Il faut que j'ai une patience bien constante, depuis
une demi-heure que j'attends ces ramoneurs, il paraît
qu'ils ont juré de me faire languir ici toute la matinée.
(On entend, dans le lointain, à ramoner la cheminée
du haut en bas.) Ah! les voici, cette fois, ils ne m'é-
chapperont pas.

Une petite et une grosse voix crient alternativement à ramoner
la cheminée du haut eh bas et se rapprochent insensible-
ment. Les ramoneurs paraissent en criant toujours. Ils s'ap-
prochent.

LA BARONNE aux ramoneurs.

Par ici! de ce côté!

LE PETIT.

Qu'est-che qu'il y a pour votre service?

LA BARONNE.

Toutes les cheminées de ma maison à ramoner; combien vas-tu me prendre par cheminée?

LE PETIT.

Nous prendrons quinge chous, ma brave dame.

LA BARONNE.

Quinze sous! mais c'est exorbitant, c'est une horreur.

LE PETIT.

Madame, c'est le prix ordinaire et nous ne pouvons pas ramoner moins de quinge chous.

SCÈNE II.

LE BARON.

Mais que cette discussion qui me casse la tête finisse; que te veux ce petit polisson?

LA BARONNE.

Ce sont des ramoneurs avec lesquels je traite pour ramoner nos cheminées, mais il me font un prix que je ne puis accepter.

LE BARON.

Mais je te dis que nos cheminées n'ont pas besoin d'être nettoyées, elles l'ont été, il n'y a pas six mois.

LA BARONNE.

C'est égal, je crains le feu et je veux que cela se fasse.

LE BARON.

Et moi je ne le veux pas, corbleu! je crois que je dois être le maître chez moi.

Le baron sort.

SCÈNE III.

LE PETIT, à son père.

Ma foi, père, partons, la baronne veut faire ramoner ses cheminées, mais elle est contrariée par le baron.

Il s'en vont en chantant.

> C'est madame la baronne,
> Qui veut que l'on ramone;
> Mais son mari ne veut pas. (*bis.*)

Ils continuent à chanter à ramoner la cheminée du haut en bas.

LA BARONNE, toujours à son balcon.

Ces ramoneurs sont d'une insolence sans exemple; mais c'est égal, en dépit de mon mari je veux que nos cheminées soient appropriées (appelant); petits ramoneurs, venez, vous aurez vos quinze sous.

Les ramoneurs reviennent et entrent dans la maison de la baronne.

LA BARONNE, toujours sur son balcon et parlant aux ramoneurs qui sont dans l'intérieur.

Je vous recommande surtout la chansonnette, lorsque vous serez au haut de la cheminée.

Elle rentre.

LE PETIT, dans la maison.

C'est bien, vous serez contente de nous.

On entend racler le ramoneur en montant dans la cheminée; arrivé en haut, l'on fait paraître la petite figure fixée après la maison, alors on la fait mouvoir en chantant:

> Ni cot Janette,
> La fortune aux gas la rinette;
> Ni cot Janette,
> La fortune an zi.
> Nani ma maye,
> Lassez travailla la rinette,
> Tout le long de la route,
> Lassez travailla.

La marmotte a mal au pied,
Faut lui mettre une emplâtre;
Quelle emplâtre lui mettrons-nous?
Une emplâtre de plâtre;
Aveque mi, aveque ma,
Aveque ma marmotte en vie.

Quand je reviens de mon pays;
Pas plus haut qu'une botte,
Mon père il me donna cinq sous,
Ma mère une culotte;
Aveque mi, aveque ma,
Aveque ma marmotte.

Je quittais la montagne,
Pour aller à Paris,
De Paris à Versaille,
De Versailles à mon pays;
Je rencontre la marmotte
Et la marmotte en vie.

Y la Catharina et la Mariana,
Y la compère Simonna.
C'est madame la baronne,
Qui veut que l'on ramone;
Mais son mari ne veut pas. (*bis*).

LA BARONNE, sortant sur son balcon.

Je suis indignée de l'insolence de ce petit drôle,
mais je lui réserve une correction à ma mode.

Elle rentre, on entend redescendre le ramoneur.

La baronne reparaît sur le balcon, elle tient à sa main un
pot de nuit après lequel est attaché un fil de laiton que l'on
a eu la précaution de passer dans le chapeau du ramoneur.

LA BARONNE.

Je les attends, ils n'ont qu'à recommencer leurs in-
solences.

LES RAMONEURS sortent, le vieux en avant.

Adieu, madame, à une autre fois, n'est-ce pas, si vous
avez été contente.

LE PETIT.

Adieu, madame la baronne (en chantant):

Qui veut que l'on ramone,
Mais son mari ne veut pas. (*bis*).

LA BARONNE.

Ha! petit maraud, tu ne te lasseras pas de m'insulter.

En disant ces mots, l'on tire le fil qui est passé dans le chapeau
du petit savoyard, cela fait échapper le pot des mains de
la baronne et le fixe sur le chapeau du savoyard; aussitôt
il s'écrie qu'il le gardera comme une coiffure.

Ils s'en vont, l'un en chantant à ramoner la cheminée, et l'autre
c'est madame la baronne, etc.

On baisse le rideau.

LA
TENTATION DE Sᵀ ANTOINE.

Représentée pour la 1ʳᵉ fois à Versailles, le 7 novembre 1791.

Le théâtre représente une forêt; à gauche du spectateur, l'ermitage de saint Antoine.

Noᴛᴀ. La charpente de l'ermitage doit être posée sur le décor; on la garnie ensuite avec la contre-partie qui se divise en deux, de sorte que l'ermitage paraît être d'une seule pièce.

Au lever du rideau, la scène est dans l'obscurité; pour rendre cet effet, on a eu le soin de retirer la lumière à un mètre, et à l'aide d'une seconde lumière que l'on tient à la main, on produit les effets d'éclair, en l'approchant et la retirant avec précipitation; chaque éclair est suivi d'un coup de tonnerre.

Personnages....
{
SAINT ANTOINE et son cochon.
PROSERPINE.
LE DIABLE, en mendiant.
Deux couples de diables faisant danser le saint. — Groupe de diables.
— Un dragon ailé. — L'écuyer de Pluton. — Un ange.
}

SCÈNE PREMIÈRE.

Un orage épouvantable se fait entendre; la porte de l'ermitage s'ouvre, saint Antoine sort avec une aspergès à la main; il chante.

AIR CONNU.

> Ciel! l'univers va-t-il donc se dissoudre?
> Quel bruit, quel trouble, quel horrible fracas.

Un éclair, puis un coup de tonnerre très-fort; saint Antoine reculant jusqu'à son ermitage et continuant à chanter.

> Quoi, devant moi, je vois la foudre,
> Elle tombe par éclat.
>
> (Regardant dans son ermitage.)
> Tout est en poudre (*bis*) sur mon grabat.
> Grand Dieu! du haut des cieux,
> Vois ma disgrâce, fait par ta grâce
> Que je chasse l'enfer de ces lieux.

Il se promène en bénissant les environs de son ermitage, il rentre et en ferme l'entrée.

SCÈNE II.

PROSERPINE, arrivant par la droite, elle va à la demeure de saint Antoine (elle parle).

Allons à l'ermitage et faisons-nous efforts pour tenter le saint. (Elle frappe à la porte en disant) : père Antoine, père Antoine.

SAINT ANTOINE sort.

Que me voulez-vous, madame, est-ce par mes prières que je puis vous être utile?

PROSERPINE.

Père Antoine, je viens vous inviter à quitter cette robe de bure et cette barbe qui vous défigure; venez au palais de Pluton, mon époux, vous y jouirez des biens les plus doux.

SAINT ANTOINE.

Madame, allez dire à Pluton, votre époux, que je ne crains ni lui ni vous. Fuyez de mon ermitage.

En disant ces mots, il la pousse vivement et Proserpine disparaît.

SCÈNE III.

SAINT ANTOINE, seul, il chante.

A grand Dieu! que je l'ai échappé belle,
Car dès le matin le diable était dans ma ruelle.
A grand Dieu! que je l'ai échappé belle,
Sans mon doux Sauveur,
Elle aurait corrompu mon cœur. (*bis.*)

Il rentre dans son ermitage.

SCÈNE IV.

UN MENDIANT, il se dirige vers l'ermitage.

Je connais la générosité du grand saint Antoine,
je suis sûr que Pluton, sous le masque d'un indigent,
au nom de la charité, pourra le fléchir.

Il frappe à la porte.

SAINT ANTOINE, sortant.

Qui peut venir à cette heure dans mon triste réduit,
au moment où la colère du ciel menace d'écraser tous
les faibles humains.

LE MENDIANT.

Pardon, saint ermite, si j'ai troublé vos méditations;
c'est un pauvre mendiant égaré dans ce désert, qui,
connaissant votre bon cœur, vient vous demander l'hos-
pitalité.

SAINT ANTOINE.

Entrez, bon vieillard, les malheureux sont mes frères,
ma vie entière a été consacrée à soulager l'infortune.

LE MENDIANT.

Je connais votre bon cœur, grand saint, c'est pourquoi je viens vous offrir des biens incomparables à ceux
que vous pouvez attendre du ciel, et pour prix de
tout cela, je ne vous demande qu'un très-léger sacrifice.

4

SAINT ANTOINE, d'une voix grave.

Que peux-tu me demander? moi qui ne possède rien sur la terre.

LE MENDIANT.

Votre âme, bon ermite, et vous serez le roi de tout l'univers.

SAINT ANTOINE.

Retire-toi, envoyé de Satan, car ma croyance en Dieu fera évanouir toutes tes tentations.

En disant ces mots, il le repousse et le mendiant disparaît.

SCÈNE V.

Deux groupes de diables arrivent par la droite et par la gauche, ils entourent le saint et commencent à chanter et à danser.

CHOEUR DES DÉMONS.

Tirons-le par son cordon,
Faisons-le danser au rond;
Tirons-le par son cordon,
Faisons danser le patron.

SAINT ANTOINE, se débattant.

Messieurs les démons,
Laissez-moi donc, laissez-moi donc,
Laissez-moi donc, laissez-moi donc.

LES DÉMONS.

Non, tu danseras, tu sauteras,
Tu danseras, tu sauteras, tu chanteras.
Tirons-le par son cordon,
Faisons-le danser au rond;
Tirons-le par son cordon,
Faisons danser le patron.

L'on répète le chœur deux fois, ensuite les démons entraînent saint Antoine.

SCÈNE VI.

Plusieurs groupes de diables reviennent en chantant.

CHOEUR.

Nous allons casser la maison
Du bienheureux Antoine,
Nous la mettrons en charbon,
En dépit de ce moine.
A la faridondon, la faridondaine, la faridondon;
Nous en f'rons part à nos amis, biribi,
A la façon de barbari, mon ami.

Après avoir chanté, les démons démolissent la maison; on a le soin de démonter les pièces recouvrant la charpente de l'ermitage; les démons disparaissent avec les débris et reviennent en chantant.

CHOEUR.

Nous allons prendre le cochon
Du bienheureux Antoine;
Nous ferons des saucissons,
En dépit de ce moine.
A la faridondon, la faridondaine, la faridondon;
Nous en f'rons part à nos amis, biribi,
A la façon de barbari, mon ami.

Ils entrent dans la maison, font sortir le cochon et l'emmènent avec eux. Les diables font entendre des rugissements et le cochon crie de toutes ses forces, après quoi ils disparaissent.

SCÈNE VII.

SAINT ANTOINE, il chante

Grand Dieu! du haut des cieux,
Vois ma disgrâce;
Fais, par ta grâce,
Que je chasse l'enfer de ces lieux.

SCÈNE VIII.

UN ANGE descend du ciel sur un nuage.

Dieu, du haut de son trône céleste, admire ta vertu et ton courage dans les tentations; rentre dans ton ermitage et bientôt tu recevras la récompense que Dieu accorde à ses élus.

Le cochon reparaît et ils rentrent ensemble.
On baisse le rideau.

LA FERMIÈRE COQUETTE.

Représentée pour la 1re fois à Paris, le 5 Mars 1800.

Le théâtre représente une campagne; à gauche du spectateur, une maison de ferme.

PERSONNAGES...
- CATHERINE, fermière.
- GEORGES, fermier.
- LUCAS, 1er amant de Catherine.
- LISETTE, servante.
- CHRISTOPHE, garçon de ferme.

SCÈNE PREMIÈRE.

Catherine sort de la maison, suivie de plusieurs poulets; elle semble leur donnner à manger, en disant : Petits! petits! petits!

LE FERMIER, sortant.

Me v'là prêt à partir, ma femme, mon voyage sera de peu de durée, j'espère que tu ne seras pas chagrine pour t'alarmer de mon absence.

LA FERMIÈRE.

C'est pourtant bien pénible, mon cher Georges, voilà si peu de temps que nous sommes mariés et il faut déjà nous séparer.

LE FERMIER.

Sois tranquille, ma femme, dans peu de temps je serai de retour, je te ferai quelques surprises agréables; tu sais que la foire de Mâcon est riche en nouveautés, et comme j'espère réussir dans mes entreprises, je te rapporterai une toilette qui te fera ressortir parmi toutes les fermières du canton; je sais que tu tiens à cela par-dessus toute chose.

CATHERINE.

Adieu! Georges, adieu! mon ami.

> Ils s'embrassent, la fermière rentre.

SCÈNE II.

GEORGES, seul.

Cette bonne Catherine me fait bien de la peine, voilà une femme comme j'en souhaite une à tous les maris; à cela près, sa toilette, pourtant. Ah! il m'en coûte beaucoup de m'en séparer, mais cependant il le faut; soyons prompt en mon expédition.

> Il sort par la droite.

SCÈNE III.

LA FERMIÈRE.

Ce pauvre Georges, il me croit bien désolée de son départ, mais il se trompe, j'en suis charmée. Pendant son absence, je pourrai m'habiller à mon aise et faire un peu la dame, car Georges me dit toujours: ma bonne, vous êtes un peu coquette, ne vous faites pas si belle; moi j'aime d'être parée, on vous regarde, on vous admire, j'aime d'être admirée, que l'on dise: voyez madame Georges, comme elle se met avec goût; tout cela fait pester Fanchette du meunier et la fermière d'en face, et puis, c'est que cela tourmente encore Lucas, qui devait m'épouser; et moi si j'aime à tourmenter Lucas, à faire croire aux autres qu'il m'aime et que je l'aime encore. On dit pourtant que cela est bien vilain d'être coquette, et moi si j'aime a être coquette, cela ne fait de mal à personne, je pense, et n'en fera pas à Georges, puisqu'il vient de partir.

SCÈNE IV.

LISETTE, CHRISTOPHE.

> Lisette sort de la maison, suivie d'une vache qu'elle tient par la corde et elle chante:

Fillettes, coquettes,
Quand l'âge viendra,
Vous serez seulettes,
On vous dédaignera.

CHRISTOPHE.

Savez-vous, mademoiselle Lisette, qu'c'est pas bien c'que vous chantez là, c'est un peu vrai pourtant; ma si la maîtresse vous entendait dire qu'alle est coquette.

LISETTE.

C'est à cause que nous sommes domestiques que nous ne devons pas dire c'que nous pensons. Oui, la bourgeoise est coquette, çà lui portera malheur; d'ailleurs pour qui s'abille-t-elle? pourquoi qu'elle se met du rouge sur les joues?

CHRISTOPHE.

Ma, elle s'habille pour ne pas être comme notre première mère Ève, qu'est dans l'église, et elle se met du rouge, çà pour être tant soit peu plus agréable, j'croyons çà du moins; et si j'en voyions plus, j'irais bien rechercher notre maite qui n'est pas bien loin.

LISETTE.

Oui! Oui! je le soutiendrai, les beaux habits font tourner les yeux de la bourgeoise, et vous verrez, Christophe, si je ne dis pas vrai; pourquoi que Lucas qui l'aimait bien la regarde-t-il toujours?

CHRISTOPHE.

S'te bétise, Lisette, 'c'est qu'il se souvient qu'il devait se marier avec.

LISETTE.

Mais pourquoi qu'il vient toujours lui donner des bouquets?

CHRISTOPHE.

Qué bétise encore, c'est qui sait bien qu'elle aime les fleurs; ma j'va toujours chercher le bourgeois pour qu'il voye sa femme qu'a parée comme la femme d'mon sieur le Préfet, avec çà qui lui avait recommandé de changer son costume.

LISETTE.

Qu'allez-vous faire, Christophe?

CHRISTOPHE.

J'va ous que j'dois aller, mamselle Lisette.

Ils disparaissent par la droite.

SCÈNE V.

LUCAS, un bouquet à la main.

On m'avait dit que madame Georges devait sortir à cette heure, et j'ai cueilli un beau bouquet pour lui offrir. (Il se promène à droite et à gauche en chantant.)

Catherine sort de la maison.

LUCAS.

Vous voilà, ma belle voisine, où allez-vous donc si parée?

CATHERINE.

Je vais voir chez le meunier s'il a fait notre farine.

LUCAS.

Et, dam, une telle toillette, il faut croire que vos champs rapportent beaucoup pour que votre mari vous donne de si belles choses, cependant si vous aviez été ma femme comme cela devait arriver, je ne crois pas que vous auriez été si bien nippée.

LA FERMIÈRE.

Je le savais bien, aussi j'ai mieux aimé prendre Christophe qui me donne tout ce que je veux.

LUCAS.

Çà durera tant qu'çà pourra, voisine, j'aurai mieux aimé que ma femme monte que de redescendre, et çà peut bien vous arriver un jour.

LA FERMIÈRE.

T'es toujours plus bête, mon pauvre Lucas, j'suis sûre qu'avec tout tes beaux discours tu étais venu pour me donner ce bouquet.

LUCAS.

C'est peut-être vrai, mais je le remporte, car je vois que vous êtes une vraie coquette et que vous vous moquez de moi; adieu, madame la coquette.

Lucas sort.

SCÈNE VI.

LA FERMIÈRE seule.

Je commence à voir que mon mari avait raison, on se moque de moi à cause de ma grande toilette.

LISETTE.

Madame, v'là le seigneur du château qui vient de venir me demander qui vous étiez; je lui ai dit q'vous étiez sa fermière.

LA FERMIÈRE.

Et que t'a-t-il répondu?

LISETTE.

Ma fine, madame, je n'ose pas vous servir un aussi mauvais compliment.

LA FERMIÈRE.

Mais encore une fois, que t'a-t-il pu dire?

LISETTE.

Ma fine, madame, il a dit qu'il vous avait pris de loin pour une dame, et il a été si étonné de votre toilette, qu'il a dit qu'une coquette ne pouvait pas être une bonne fermière et qu'il allait renvoyer de la ferme m'sieur Christophe.

LA FERMIÈRE.

Lisette, allez soigner Mimi et laissez-moi seule.

LA FERMIÈRE, seule.

Encore un affront, que va dire Christophe, oh! mon Dieu, que j'ai fais mal d'aimer la toilette et de m'occuper sans cesse de chose aussi futile, au lieu de soigner ma maison; mais voilà Christophe.

SCÈNE VII.

LA FERMIÈRE, CHRISTOPHE.

Mame, j'viens vous dire que je sommes plus à votre service, je n'veux plus être exposé a être battu pour vous, encore tout à l'heure le domestique du seigneur vient de me dire : votre maîtresse a bien dégourdie, alle est comme une dame d'la ville avec des rubans autour de son bonnet, il faut que son mari soit un vrai Nicodème de ne pas mettre ordre à cela; car avant deux ans elle s'ra ruinée; c'est alors qu'elle dira si j'avais su, ma in s'ra plus temps, on la montrera au doigt et on répétera : voyez-vous mame Georges, c'est sa coquetterie qu'a ruiné son mari, il casse à présent les pierres sur les routes; et l'adsus, j'ai tombé d'su l'domestique, ma j'ai porté les coups. Adieu, madame la coquette.

Il sort.

LA FERMIÈRE.

Toujours des affronts, oh! il faut que je change absolument; mais j'aperçois Georges, mon mari, que va-t-il dire?

SCÈNE VIII.

GEORGES.

Bonjour, Catherine, je reviens, parce que je n'ai pu partir pour Rouen; mais qu'as-tu donc pour pleurer?

CATHERINE.

Écoute, mon cher Georges, déjà tu m'avais prévenue sur mon défaut dominant qui est la coquetterie, et jamais je n'ai pu changer, mais je te promets qu'à présent je vais devenir plus simple dans mes goûts, de manière à ce qu'on ne dise plus que je suis coquette. Oublie le passé, je vais jeter au feu ces rubans, ces dentelles et devenir une bonne ouvrière et une bonne femme.

GEORGES.

Allons, Catherine, je suis content de ta résolution, n'oublions jamais que le travail est le père de la prospérité, tandis que la paresse et le luxe conduisent à la misère.

On baisse le rideau.

LE MAGICIEN.

Représentée pour la 1ʳᵉ fois à Versailles, le 24 Février 1800.

Le théâtre représente un souterrain immense.

PERSONNAGES...
{
LE MAGICIEN.
LE DIABLE.
L'ÉCOLIER.
LA DEMOISELLE..
MARTIN-SEC.
LA REINE.
LA BERGÈRE.
LE GOURMAND.
LA GOURMANDE.
}

On simule le tonnerre avec une grande planche de tôle; la pluie et la grêle, avec un grand étui de ferblanc, dans lequel on met du sable que l'on fait couler du haut en bas; les éclairs, avec une chandelle que l'on fait passer rapidement.

SCÈNE PREMIÈRE.

LE MAGICIEN.

Un coup de tonnerre très-fort se fait entendre.

C'est moi qui suis le magicien Rotomagot, ma voix fait frémir les entrailles de la terre, tous les mortels.

tremblent à mon aspect; les enfers sont à mes ordres et les esprits infernaux sont toujours prêts à me servir.

Holà! mon esprit familier, parais.

L'introducteur du Magicien paraît, une fourche sur l'épaule.

SCÈNE II.

LE DIABLE.

A vos ordres, grand enchanteur.

LE MAGICIEN.

Rends-toi sur la terre et prends avec toi un de tes camarades, tu chercheras parmi les enfants tous ceux qui seront indociles, paresseux et désobéissants, amène-les-moi, je veux leur infliger des corrections terribles. Disparais, fils de Satan.

Il disparaît aussitôt; le diable reparaît portant plusieurs enfants dans une hotte, qui jettent des cris perçants à la vue du Magicien, ils redoublent leurs cris en lui demandant pardon et lui promettant d'être bien sage.

SCÈNE III.

LE MAGICIEN.

Point de pardon pour les enfants indociles. Courrier de Satan, disparais et vas leur faire visiter l'enfer.

Il disparaît et les enfants recommencent à crier.

L'introducteur disparaît poussant devant lui un petit écolier.

(*On parle.*) Mon maître, en voilà encore un qui n'a pas pu aller dans la hotte du camarade, il est encore plus mauvais sujet que tout les autres, je l'ai rencontré qui s'amusait au lieu d'aller en classe et j'ai pensé qu'il ne fallait pas l'oublier.

LE MAGICIEN.

Qu'as-tu à dire pour te justifier, petit ignorant?

L'ÉCOLIER.

Moi, je ne veux plus aller à l'école; moi, voilà, faut toujours apprendre ses leçons et l'on n'a jamais le temps de s'amuser et puis voilà.

LE MAGICIEN.

Eh bien! non, tu n'iras plus à l'école, et comme tu ne seras jamais qu'un petit âne et un petit bavard, je vais te faire pousser de longues oreilles et une langue très-grande, ce qui te fera remarquer partout pour un petit sot.

Il frappe l'enfant de sa baguette en disant parais.

Pour monter ces métamorphoses, il suffit d'attacher la contre-partie par dessus la première, au moyen d'un fil passé dans les points marqués dans la partie carrée formant la base des figures; de sorte que la seconde partie fait charnière sur la première. Pour les faire mouvoir, on présente la figure, la charnière ouverte et au commandement du magicien, on relève la seconde partie qui vient s'appliquer sur la première. L'écolier ainsi métamorphosé, disparaît au commandement du magicien.

SCÈNE IV.

LE MAGICIEN.

Quelle est donc cette gentille enfant qui est assez courageuse pour pénétrer dans ma sombre retraite; approchez, mademoiselle, dites-moi où alliez-vous et qui a pu vous amener ici?

LA DEMOISELLE.

Une force invisible m'a entraîné vers ces lieux, car je ne suis pas encore arrivée au but de mon voyage.

LE MAGICIEN.

Mais où alliez-vous donc, mademoiselle?

LA DEMOISELLE.

J'allais voir mon père qui habite un vieux château dans cette forêt.

LE MAGICIEN.

Dans cette forêt, dites-vous, alors votre père est dans mon pouvoir depuis longtemps, il est devenu mon prisonnier.

LA DEMOISELLE.

Grand enchanteur, vous aurez pitié d'une pauvre orpheline qui vous redemande son père.

LE MAGICIEN.

Oui, mademoiselle, je vous rendrez votre père, mais à la condition que vous serez ma femme.

LA DEMOISELLE.

Moi, Monsieur, j'en serais bien au désespoir.

LE MAGICIEN.

Et pourquoi cela?

LA DEMOISELLE.

Parce que vous êtes trop vieux et trop vilain.

LE MAGICIEN.

Ha! je suis trop vieux et trop vilain; pour punir votre insolence, qu'une cage de fer vous enferme jusqu'à ce que vous soyez plus honnête; parais.

(On applique subitement la cage sur la demoiselle qui paraît être dedans.) La demoiselle jette un cri.

LE MAGICIEN.

Ce n'est pas tout, qu'un groupe de démons l'entraîne dans le noir séjour; parais.

(On applique le groupe de démons au-dessus de la cage et l'on fait disparaître le tout ensemble.)

SCÈNE V.

LE MAGICIEN, seul.

Je suis indigné des vexations de cette petite créature et je serais curieux de voir si je suis aussi laid qu'elle

5

veut bien le dire. Un de mes valets, apportez-moi un miroir.

Le diable au miroir paraît, et lorsqu'il s'approche du magicien, l'on fait paraître sa ressemblance.

LE MAGICIEN.

Cette petite a calomnié mon visage, je ne suis pas aussi hideux qu'elle a voulu le dire, seulement je remarque que j'aurais besoin de faire un bout de toilette; disparais. Maintenant qu'une belle fontaine paraisse devant moi. La fontaine paraît.

Pour faire couler cette fontaine, il faut que l'entonnoir figuré dessus soit fait séparément en carton, exactement de même grandeur et fixé juste à l'endroit indiqué par le dessin; le côté qui touche à la fontaine doit être plat. Lorsque l'on veut la faire couler à l'aide du fil de fer, on amène la pointe de l'entonnoir sur la gueule du lion et le sable fin qu'il contient s'échappe par le petit trou qui se trouve à l'extrémité.

LE MAGICIEN s'approche et il se lave les mains.

Que ton eau est limpide. (Après s'être lavé il dit à la fontaine de disparaître.) Maintenant j'ordonne à ma femme de chambre de venir m'essuyer les mains; parais

Il s'essuie les mains et la fait disparaître.

SCÈNE VI.

MARTIN-SEC, arrivant par la droite.

Bonjour, M. le Magicien, je viens vous trouver pour vous demander un service,

LE MAGICIEN.

Et quel est-il, Martin-le-Sec, tu sais que je ne puis rien refuser aux amis.

MARTIN.

Monsieur le Magicien est bien bon; la grâce que je vous demande ce serait d'être un peu mieux portant, un peu plus gros, par exemple.

LE MAGICIEN.

Ha! tu veux un gros ventre; eh bien! je te le souhaite; parais.

Même jeu que pour les métamorphoses précédentes. Martin-Sec s'en va en portant son ventre avec peine et en remerciant le Magicien.

SCÈNE VII.

LA REINE, arrive.

Partout mon royaume l'on parle de tes prodiges étonnants et j'ai recours à toi pour te demander un service?

LE MAGICIEN.

Tout espèces de services sont en mon pouvoir, parlez et je me glorifie d'être votre serviteur.

LA REINE.

Grand Magicien, dans mon royaume les monarques n'en imposent que par une haute stature ou une taille gigantesque, c'est ce qui me manque et c'est ce que je viens te demander.

LE MAGICIEN.

Eh bien! j'ordonne qu'il vous vienne un taille surprenante.

Pour cette métamorphose, on a cousu le petit carton n° 4 dans l'endroit indiqué sur la figure; l'on passe la taille dans la coulisse que le carton a formée; au commandement du magicien, l'on pousse la taille jusqu'en haut. La reine fait une révérence au magicien, le remercie et disparaît.

SCÈNE VIII.

LE MAGICIEN, seul.

Maintenant, qu'il paraisse une petite bergère; parais: approche de moi, pourquoi es-tu parjure à tes serments?

LA BERGÈRE.

Quoi! M. le Magicien, vous savez déjà?

LE MAGICIEN.

Oui, je sais tout et tu vas recevoir la punition que tu mérites, je veux qu'à l'instant il te pousse une tête de chat; disparais.

LE MAGICIEN.

Que deux de mes sujets qui se sont les mieux comportés paraissent devant moi à table et ayant devant eux des mets exquis; parais.

Eh bien! mes amis, êtes-vous contents de cette belle collation?

LA DEMOISELLE.

M. le Magicien, je trouve que les pâtisseries ne sont pas très-délicates.

LE JEUNE HOMME.

Et moi je trouve que le vin n'est pas de fameuse qualité.

LE MAGICIEN.

Faites donc du bien à des ânes, voilà comme il vous remercient; pour vous punir de votre ingratitude, je veux que vous soyez changés en ânes; parais. Etes-vous contents, maintenant?

Les deux ânes répondent.

Hi! han! hi! han! hi! han!

Le rideau tombe.

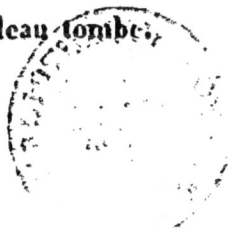

LE
GRAND CARNAVAL DE VENISE.

On fait passer successivement tous les masques les uns après les autres, puis la grande voiture vient clore le spectacle.

APRÈS LE TRAVAIL. LE PLAISIR.

Litho. de Dembour & Gangel, Metz.

Contraste insuffisant

NF Z 43-120-14

www.ingramcontent.com/pod-product-compliance
Lightning Source LLC
LaVergne TN
LVHW022149080426
835511LV00008B/1342